(Par le marquis de Condorcet,
d'après Barbier.)

S. 1349.
A. 33.

LETTRE
D'UN LABOUREUR DE PICARDIE,

A M. N.***

Auteur Prohibitif, à Paris.

M. DCC. LXXV.

LETTRE
D'UN LABOUREUR DE PICARDIE,
A M. N.*** Auteur Prohibitif, à Paris.

MONSIEUR,

IL y a environ un mois que le Général des troupes de la Ferme, qui commande dans notre canton, m'a apporté un gros livre, qu'il m'a dit être de vous. Tenez, ajoutait-il, voilà ce qu'on appelle un bon livre : vous y trouverez des secrets infaillibles & faciles pour que le bled soit toujours à bon marché.

Après avoir travaillé pendant six jours de la semaine, j'emploie ordinairement le septiéme à faire avec mes enfans des lectures qui puissent leur donner des connaissances utiles dans leur état, ou le leur faire aimer. Autant il me paraît nuisible d'enlever tant de jours à la culture, pour les abandonner à l'oisiveté & à la débauche, autant je désirerais qu'il y eut un jour de chaque semaine consacré à des instructions utiles, & terminé par une fête champêtre. J'ai lu quelque part, qu'il y avait un pays où les habitans crevaient les yeux de leurs esclaves, pour qu'ils battissent leur lait sans distraction. Non-seulement ces homes étaient cruels, mais ils entendaient mal leurs intérêts. Le travail n'en va que mieux quand il est fait gaiement & par des gens qui voient clair.

En parcourant la table de votre livre, je ne me sentais pas de joie. Tout ce que nous avons jamais désiré de savoir se trouve réuni dans cet ouvrage : mais je fus bien trompé, lorsqu'en le lisant à mes enfans, je vis que ni eux ni moi, nous ne pouvions en entendre une page. Cela paraît pourtant écrit en français, nous disions-nous.

Cependant j'ai un peu compris ce que

vous dites sur le peuple, & votre nouvelle législation des bleds.

Je vous remercie de l'intérêt tendre que vous prenez à ce pauvre peuple : mais en vérité, il n'est ni si heureux ni si malheureux que vous le dites. *

Tant qu'il a de la jeunesse, de la santé & du travail, son sort est supportable; peut-être même est-il meilleur que celui du riche : car on dit que tout home qui a plus de cent pistoles de rente, ou qui est exempt de taille, est pendant toute sa vie tourmenté d'une maladie qu'on appelle vanité, & dont l'effet infaillible est d'empoisonner ses jouissances, & de rendre ses peines plus ameres.

Mais lorsqu'une famille est chargée de faire subsister des vieillards : lorsque la mort lui enléve son chef, ou que né avec une constitution faible, il est souvent exposé à manquer d'ouvrage : lorsque de longues maladies l'ont épuisée, elle tombe dans un

---

* Pages 32 & 152.

état d'angoiſſe & de détreſſe, où il ne lui reſte, contre une deſtruction lente & cruelle, que des reſſources humiliantes ou criminelles.

Vous dites que pour ſoulager le peuple, le Gouvernement n'a preſque d'autre moyen que d'ordonner de ne vendre le bled qu'au marché lorſqu'il paſſera un certain prix; de défendre aux marchands d'en achêter à moins qu'ils ne promettent de ne pas le revendre dans le pays ; de forcer les boulangers à avoir chez eux des proviſions ; de fournir des fonds à des marchands de bled privilégiés ; de ne laiſſer ſortir que des farines, & ſeulement lorſque le bled ſera à bon marché ; enfin, de n'ordonner tout cela que pour dix ans.

Hélas, Monſieur, j'avais eſpéré depuis quelque tems que la deſtruction des corvées, la ſuppreſſion des gabelles, & celle de la taille arbitraire, offriraient bien-tôt au peuple des reſſources aſſurées contre les accidens qui l'expoſent à la miſere.

Je voyais dans la ſuppreſſion de la taille

arbitraire, une diminution d'impôt pour le pauvre, la liberté rendue à l'induſtrie que tenait captive la crainte d'une augmentation de taille.

Dans la ſuppreſſion des gabelles, je voyais l'exemption d'un droit énorme, levé ſur une denrée de conſommation journaliere, droit dont le peuple fait tous les jours les avances : j'y voyais la facilité d'avoir plus de beſtiaux, & des beſtiaux plus ſains : d'augmenter par-là les reſſources du peuple & la maſſe de ſes ſubſiſtances.

Dans la deſtruction des corvées, enfin je voyais que mes malheureux voiſins, ne ſeraient plus forcés de travailler ſans ſalaire pendant quinze jours : qu'au contraire, ce changement, en aſſurant à chaque home environ quinze journées de plus par année, ſuffirait pour prévenir dans les campagnes le manque d'ouvrage.

Je ne parle point de tout ce que les ſages opérations épargneraient au peuple de vexations, de concuſſions, d'inquiétudes, d'humiliations, de traitemens cruels, &c.

J'ai peine à croire que votre législation faſſe de plus grands biens.

Premiérement, quand le bled fera cher, le peuple des campagnes fera obligé d'aller à trois lieues de chez lui, & à des momens marqués, achêter, argent comptant au marché, le bled qu'il aurait pu achêter chez fon voifin, à toute heure, à meilleur marché & fouvent à crédit. A la vérité vous aſſurez que cette loi ne ferait jamais exécutée, mais qu'il faut toujours la faire afin de s'en fervir contre qui on jugera à propos : & un des grands défauts que vous trouvez au fyſtême de la liberté, c'eſt qu'il ne fournit aucun prétexte pour punir les marchands de bled trop avides. J'avais toujours cru que des loix dont l'exécution n'était pas générale, degénéraient en oppreſſion : qu'on ne les faifait valoir que contre ceux qui ne pourraient achêter le droit de s'y fouſtraire : mais quoiqu'il en foit, fi la loi eſt exécutée, il y a perte de tems & augmentation de prix pour le payſan : fi elle ne l'eſt pas, il y aura quelques avanies faites au hazard à quelques marchands de bled : cela pourra divertir le peuple, mais je ne vois point encore de foulagement réel.

Secondement, vous ne voulez pas qu'on achête au marché pour revendre fans deftination. D'abord la néceffité de déclarer au greffe quelle eft la deftination du bled qu'on a achêté, fuffira pour dégoûter de ce commerce. D'ailleurs faudra-t-il que la deftination foit pour 20, pour 10, pour 2 lieues feulement de l'endroit du marché ? Sera-t-on tenu de revendre ou de faire fortir le bled dans la huitaine ou dans la quinzaine ? S'il vient à augmenter au lieu de l'achat, ne rendra-t-on pas à ceux qui ont achêté avec une deftination éloignée, le droit de revendre fur le même lieu ? Cette partie de votre loi ne ferait-t-elle pas alors abfolument illufoire ? Dans le tems de cherté, prefque tout le bled eft entre les mains des marchands & des propriétaires riches : prefque tout eft dans les villes. Les habitans des campagnes ne peuvent commodément l'y aller chercher : les meûniers, les blâtiers viennent en apporter chez eux. L'entiere liberté de vendre à qui & par-tout où l'on veut, est donc alors de la plus grande nécessité.

Vous voulez qu'il y ait une provision chez les boulangers, c'est-à-dire, que vous voulez les forcer pendant une partie de l'année, à avoir chez eux une certaine quantité de bled. Mais qui payera le surcroit de dépense que cette contrainte occasionnera aux boulangers : ceux qui achêteront leur pain ?

Et vos agens secrets employés par le Gouvernement au commerce de bled... ah, Monsieur, ce sont les plus habiles gens du monde pour remédier aux disettes qu'ils ont fait naître.

La permission de ne faire sortir que des farines, aura l'avantage immense de conserver en France plus de son, sans compter celui de donner aux propriétaires de moulins, le privilége exclusif du commerce étranger, & d'introduire une exportation de grains, qui ne font pas un encouragement pour l'agriculture.

Enfin, Monsieur, je ne vois rien dans tout cela qui tende à foulager le peuple. Vous propofez de ne faire cette loi que pour dix ans, je trouve que c'eft beaucoup trop encore : mais laiffez-nous d'abord effayer de la liberté auffi pendant dix ans.

Oh cela eft fort différent, direz-vous, parce que le peuple eft une efpèce d'animal très-patient, mais qui au moindre bruit de cherté devient furieux : le feul mot de prohibition, de loi contre les marchands de bled, lui rend la raifon & le calme. Voilà le véritable fondement des loix prohibitives : car après tout on doit refpecter la faibleffe de ce pauvre peuple qui eft difpofé à tout fouffrir, pourvu qu'on fonge à lui donner du pain. S'il n'avait pas de préjugé contre la liberté, ce fyftême en vaudrait bien un autre : mais les préjugés du peuple fur cet objet font abfolument incurables. N'eft-ce-pas à-peu-près, Monfieur, ce que vous avez voulu dire, dans ce que j'ai pu entendre de votre livre, sur les motifs des loix prohibitives.

Le peuple est stupide, sans doute ; mais ce n'est pas sa faute. Avant le 13 septembre 1774, on n'avait point encore daigné traiter le peuple come une société d'êtres raisonnables : abandonné à des charlatans de toutes espèces, jamais on n'a songé à lui donner sur rien des idées justes, des notions précises. Est-il étonnant, après cela, qu'il se laisse entraîner aux plus grossieres apparences ; qu'il soit la dupe de l'artifice : mais les erreurs de l'ignorance sont plus aisées à détruire que celles de l'intérêt & de l'orgueil ; & voilà pourquoi je crois que le peuple sera guéri de ses fausses opinions sur le commerce des bleds, long-tems avant les homes plus éclairés qui partagent ses préjugés. S'il n'est pas en état de saisir des preuves compliquées, quelques années d'expérience, la confiance dans le Gouvernement, fortifiée chacune année par des opérations bienfaisantes ; le spectacle de fourbes qui l'égarent, démasqués & punis, suffiront pour affaiblir fes préjugés, en attendant qu'une éducation plus raifonnable, qu'il ferait fi aifé & fi utile de procurer à ce peuple, vienne préferver la génération naiffante de toute erreur funefte.

J'ai vu quelquefois ce pauvre peuple s'échauffer pour le bled ! Eh bien, dans nos villages, où tout le monde fe connait, j'ai remarqué que ce n'étaient pas les plus malheureux, mais les plus deshonorés, qu'on voyait à la tête des féditions : ceux qui les fuivaient étaient entraînés, non par la faim, mais par une fureur qu'on leur avait fuggérée. Un home qui aurait faim enlevrait du pain, de la farine, du bled même, il le porterait dans fa chaumiere, il fe hâterait d'en préparer la nourriture néceffaire au foutien de fa vie

Au lieu de cela, tantôt ils pillaient les meubles d'un marchand de bled, parce qu'on leur avait dit que ce marchand ne vendrait de bled que lorfqu'il vaudrait 60 francs le feptier. Tantôt ils détruifaient un moulin économique, dont le propriétaire leur vendait du pain à meilleur marché, parce que les boulangers les avaient affurés que cet home mettait de la craie avec fa farine. D'autres prenaient le bled des gens d'Églife, parce que difaient-ils, le bien de l'Églife eft le bien des pauvres, & que c'eft pour cela qu'ils ne payent point de vingtiémes. Quelques-uns enlevaient du bled de force, le payaient le prix qu'ils voulaient, & croyaient leur expédition légitime parce qu'ils avaient *droit de vivre.*

Or, Monfieur, croyez-vous qu'il foit impoffible de perfuader au peuple, que fi un home a tenu un propos dur & barbare, cela ne donne pas le droit de le piller : Que les meûniers économiques ne mettent pas de craie dans le pain : Que les biens des Moines leur appartiennent, tant que le Gouvernement voudra bien les leur laiffer : Et que payer le feptier 12 liv. quand il en vaut 30, c'eft précifément come fi on prenoit 18 francs dans la poche du poffeffeur de ce bled.

Croyez-vous qu'on ne puiffe pas faire

entendre au peuple, que le besoin ne lui donne pas plus le droit de voler du bled que de l'argent : que ces deux vols ne peuvent être excusés que dans les mêmes circonstances : que celui qui achète quinze francs un septier de bled qui en vaut 30, ne peut alléguer la nécessité pour excuse, parce qu'il pouvait acheter un demi-septier pour 15 francs, & travailler pour en gagner quinze autres.

Nous venons de voir une troupe de brigands démolir des moulins : jetter à la riviere les farines & les bleds, en disant qu'ils manquaient de pain, & crier qu'ils avaient faim en répandant l'or à pleines mains. Nous les avons vus traîner à leur suite un peuple trompé, à qui ils persuadaient que l'intention du Gouvernement était que le bled fût à bon marché : fabriquer de fausses loix pour le tromper. Nous avons vu des gens du peuple, riches en terres & en effets, se joindre aux pillards & soudoyer des homes qui pillaient pour eux. Nous avons vu cette fureur se communiquer de proche en proche, & cette opinion qu'il est permis de prendre du bled où il y en a, & de le payer ce qu'on veut, prête à devenir l'opinion générale.

Cela prouve sans doute, qu'il est facile de séduire & d'égarer le peuple. Mais croyez-vous qu'il soit impossible de lui faire sentir que des scélérats ont abusé de sa facilité pour le rendre criminel : que c'est un mauvais moyen, pour procurer du pain au peuple, que de jetter les farines à la riviere : que le cultivateur qui a fait venir le bled à force de travaux & de sueurs, le marchand qui l'a payé de son argent, doit avoir la libre disposition de son bled, come l'home du peuple a la libre disposition de ses habits, de ses meubles : que toute taxe, d'une denrée qui n'est pas l'objet d'un privilege exclusif, est un véritable vol : que le Gouvernement enfin n'a point le droit de gêner, entre les concitoyens d'un même état, la liberté d'achêter & de vendre une denrée nécessaire. Lorsque ces réflexions très-simples sur *l'injustice* des loix prohibitives, & la fermeté du Gouvernement à maintenir cette liberté, come juste & come utile, auront
disposé

disposé les gens du peuple à regarder cet état de liberté come l'état le plus naturel, pourquoi ne lui ferait-on pas entendre qu'il est de leur avantage que le cultivateur soit maitre absolu du grain qu'il recueille, afin qu'il soit plus intéressé à augmenter la réproduction ; qu'il est de leur intérêt que le commerce soit libre, afin qu'on leur apporte du bled quand ils en manqueront ; qu'il est de leur intérêt que les magazins de bled soient sacrés, afin qu'on leur prépare une ressource dans les années stériles.

Ces simples réflexions ne suffisent pas, sans doute, pour résoudre toutes les difficultés qu'on éléve contre la liberté du commerce des grains, mais elles suffisent pour rassurer le peuple, pour lui faire sentir que les partisans de cette liberté ne sont pas des monstres qui *empruntent sa voix pour le dévorer.*

Vous dites que le peuple haïra toujours les marchands de bled, qu'il appelle monopoleurs, & qu'ainsi cet état flétri par l'opinion, ne sera jamais un état honnête. Mais,

B

Monsieur, le peuple hait les financiers, qu'il appelle maltôtiers, & les marchands d'argent, qu'il appelle usuriers : direz-vous que ces états sont mal-honnêtes. Tous ces préjugés ont une source commune, ces différens *États* * n'ont été remplis long-tems que par des homes déshonorés : tous trois protégés, employés en secret par le Gouvernement, étaient flétris par des loix : long-tems leurs opérations n'ont été qu'un tissu de manœuvres coupables. Mais ces préjugés fondés autrefois sur la raison, & maintenant désavoués par elle, se dissiperont, & le peuple deviendra moins injuste en devenant moins malheureux.

Parmi les causes qui entretiennent la haine du peuple contre les marchands de bled, il en est une à laquelle on n'a pas daigné faire attention, parce qu'elle est absurde, mais

---

* Notre agriculteur qui ne connait pas les finesses de la langue, avait mis *métier* : en français, on dit le métier de laboureur, le métier de poëte, de philosophe, le métier de la guerre : mais il serait de la plus grande impolitesse de parler du métier de fermier d'impôts, de banquier, d'agent de change, ce serait manquer au respect, que dans toute nation bien policée, on doit à l'or & au talent d'en amasser.

qui n'en est pas moins puissante. Chaque année des chanteurs parcourent les campagnes avec des *Complaintes :* tantôt *c'est un pauvre* qui a proposé à un fermier de lui vendre du bled à bon marché, quoiqu'il soit cher : le charitable fermier va remplir le sac, & en revenant il trouve son pauvre transmué en un grand crucifix qui fait force miracles. Une autre fois c'est un fermier qui a dit en reniant Dieu, qu'il aimait mieux être mangé des rats que de vendre son bled à une pauvre femme, & voilà soudainement que les rats viennent le manger jusqu'aux os, come Popiel Duc de Lithuanie, & je ne sais quel Archevêque de Mayence, à ce que disent les historiens les plus respectables. Enfin un coquin de fermier à osé dire qu'il deviendrait tambour si le bled ne montait pas à 60 francs le sac, & sur le champ voilà son ventre changé en tambour & ses bras en baguettes : les voisins accourent charitablement pour le tuer, mais come de raison, les balles s'applatissent sur son ventre...

Quant aux marchands de bled emportés

par le diable, aux forciers qui efcamotent le bled pour produire la famine, il n'y a rien de plus commun ; & pourquoi voudriez-vous que le peuple ne crût pas tout cela, & cent autres fotifes qu'on lui infinue par la même voie, que la jeuneffe apprend par cœur, & qui font la feule éducation qu'elle reçoive après être fortie des écoles. Ne lifent-ils pas au bas, vu & approuvé : & ces mots fuivis des fignatures les plus refpectables, comment le peuple devinerait-il que figner qu'on approuve, fignifie le plus fouvent qu'on n'approuve pas.

J'ai oui dire qu'à Paris on prenait les plus grands foins pour empêcher les illuftres habitans de cette ville de fe gâter l'efprit par la lecture des livres de certaines gens qu'on appelle philofophes, c'eft-à-dire, amis de la fageffe ; je crois qu'on rendroit un grand fervice au peuple des campagnes, fi on mettoit ces marchands de menfonges, (quoiqu'ils ne foient pas amis de la fageffe,) au pilori avec cet écriteau : *Colporteurs d'hif= toires inventées, pour rendre les homes imbé-*

tiles & méchans. Je suis persuadé que cette correction seroit très-instructive & très-exemplaire.

Je reviens aux préjugés du peuple sur le bled. Il y a dans ce canton des gens bien intentionnés qui ont l'honêteté de répandre que si le bled est cher, c'est parce que le Gouvernement en a fait passer aux étrangers : le peuple croit cette absurde calomnie, & il a raison. Il voyait il n'y a pas long-tems, l'exportation défendue par une loi publique, & permise à des personnes privilégiées par des ordres secrets, pourquoi ne croirait-il pas que l'on suit aujourd'hui le même régime. Il n'y a encore que le peuple du Limosin qui sache pourquoi ce qui se faisait en 1771, ne se fait pas en 1775 : mais dans quelques années le peuple de toute la France le saura.

Vous exagerez la stupidité du peuple : nous sommes ignorans parce qu'on n'a point daigné nous donner les moyens de nous instruire ; parce qu'il est tout simple qu'une jurisprudence, une législation des finances qu'aucun jurisconsulte, aucun financier ne peuvent se vanter d'avoir entendues en entier, n'offrent qu'un brouillard à des homes qui n'ont ni le tems ni l'habitude de la réflexion : mais nous savons saisir les idées simples qu'on nous présente clairement, & raisonner avec justesse sur ces idées : nous savons souffrir avec patience les outrages que nous ne pouvons repousser ; mais nous ne sommes pas abrutis au point de ne les plus sentir.

Nous détestons les loix en vertu desquelles un pauvre pere de famille, qui n'a point cent écus d'argent comptant, est envoyé aux galeres & marqué d'un fer chaud, pour avoir achêté à bon marché du sel qui n'est souillé d'aucune ordure ; nous sommes indignés qu'on ose faire si peu de cas de notre liberté & de notre honneur. Nous savons que ceux qui nous traitent ainsi n'ont d'autre avantage au-dessus de nous, que de s'être enrichis de nos dépouilles, & cela redouble notre indignation.

Vous dites que nous sommes tentés de regarder les riches come des *êtres d'une na-*

ture différente, que leur grandeur *est une magie qui nous en impose* : Ah, Monsieur, que nous sommes éloignés de ces idées : nous voyons passer quelquefois de ces riches fastueux, & ce n'est point du respect qu'ils nous inspirent : nous savons combien les métiers qui les ont enrichis sont moins nobles que les métiers utiles qui nous donnent à peine de quoi vivre. Nous sentons que si leur argent leur donne la facilité d'acheter des jouissances dont nous sommes privés, il ne leur donne aucun droit d'obtenir sur nous des distinctions ou des préférences ; & l'home en place, le grand Seigneur qui leur accorde ces distinctions s'arrête-t-il à nos yeux, nous le regardons come un vil esclave de l'or.

Nous payons avec joie la dixme destinée à l'entretien des Pasteurs, chargés de nous instruire & de nous consoler : mais nous savons trouver très-injuste que nos Pasteurs, soient réduits à partager notre pauvreté, tandis que nos dixmes sont consommées par des Abbés & des Moines qui, heureusement pour nos mœurs, ont renoncés au foin de nous rien apprendre.

Lorfqu'un malheureux qui manquait de pain n'a pu aller travailler quinze jours, fans falaire, à plufieurs lieues de fa maifon : lorfqu'il a mieux aimé défobéir à un piqueur, que de laiffer fa famille expofée à mourir de faim, on le condamne à une amende qu'il ne peut payer ; & pour le punir d'être pauvre, on le traîne en prifon. Croyez-vous que nous n'ayons pas l'efprit de trouver ce traitement barbare, quoique ce malheureux ait *du pain* dans fon cachot.

Croyez-vous que nous ne fentions pas que, grace aux épices, au privilége exclufif des procureurs & des avocats, & aux fubtilités de la chicane, il n'y a point de praticien de la ville voifine, qui ne puiffe nous ruiner de fond en comble, fans qu'il foit poffible de nous défendre, fans que jamais il rifque d'être puni :

Que lorfqu'un riche injufte attaque notre propriété, tout ce que nous avons fera confommé en frais de juftice avant de l'avoir obtenue : & que si nous préférons l'orgueil de nous défendre, au parti humiliant d'acheter la paix, nous risquons notre ruine totale:

Qu'il n'est pas absolument juste que le bled que nous avons semé, soit mangé par les liévres ou par les sangliers de notre Seigneur:

Que si nous souffrons des violences de la part d'un riche, des vexations de celle d'un subalterne, il nous sera impossible d'obtenir une réparation, & qu'en osant la solliciter, nous nous exposons à une vengeance dont les loix ne nous préserveront pas.

Voilà l'origine de cette patience apparente, que vous avez prise pour de la stupidité. Mais un Roi juste, & qui veut le bien de son peuple, nous a rendu l'espérance & la voix.

Nous osons attendre de lui des loix de *propriété*, qui nous garantissent, le peu que nous avons, contre les rules de la chicane & les entreprises de l'home accrédité ; des loix de *liberté* qui défendent nos personnes de la violence des exacteurs, qui nous délivrent de l'esclavage des corvées ; des loix de *justice* qui protegent notre personne, &

notre honneur contre le crédit du riche, contre la tyrannie des pouvoirs fubalternes : car c'eft dans ces abus que confifte la *force*, vraiment funefte au peuple, *que donne au riche contre le pauvre* la corruption de la fociété, & non pas le droit de propriété; c'eft contre cette force qu'il invoque le fecours de fon Roi.

Voilà, Monfieur, ce que nous efpérons, & ce que nous ofons hautement préférer à votre légiflation des farines, à cette précaution de garder tout le fon pour nous, que vous femblez regarder come une découverte lumineufe. Pardonnez, fi je vous parle avec quelque vivacité, mais votre pitié nous humilie, en même-tems qu'elle cherche à nous foulager. Vous voulez qu'on nous faffe l'aumône, parce que nous fommes des êtres miférables, incapables d'entendre raifon, incapables de fentir le prix de la liberté & des bonnes loix. (page 170.) Nous mériterions ces reproches, fi nous pouvions les fouffrir fans indignation.

Vous avertiffez les propriétaires, que fi le

peuple perdait ſes préjugés ſur le commerce de bled, il pourrait s'éclairer en même-tems ſur d'autres objets.

Croyez-vous, Monſieur, qu'il ſerait dangereux de ſouffrir que le peuple ſortit de ſon ignorance ?

Croyez-vous que l'home devienne méchant en s'éclairant ?

Croyez-vous que les voleurs de grand chemin ſoient d'habiles raiſonneurs, & qui leur ait fallu de grandes lumieres pour trouver les raiſons ſur leſquelles ils fondent leurs réclamations contre la propriété & les loix ? *

Ou ſeulement avez-vous prétendu avertir charitablement les riches, que ſi le peuple s'éclaire, il ſaura mieux ſe ſoutenir contre l'oppreſſion & contre la ruſe ? Et qu'ainſi il vaut mieux pour les riches laiſſer le peuple piller les marchands de bled, que de riſquer

---

* *Note de l'Éditeur.* Voici ce qui a pu induire en erreur ſur cet article. Ces maximes quoique très-connues dans les bois, ſont devenues très-rares dans les livres, depuis qu'on a brûlé ceux des Docteurs Jéſuites, ainſi toutes les fois qu'on les y trouve, elles ont un air de nouveauté & de paradoxe qui ſéduit les lecteurs, & la vanité de paſſer pour des homes à idées neuves, ſéduit les auteurs.

qu'en apprenant à respecter la propriété des autres, il n'apprenne en même-tems à se défendre.

Oserais-je vous représenter, Monsieur, qu'un home qui fait un gros livre *sur la législation & le commerce des bleds*, aurait dû s'instruire avec plus de soin des détails de nos campagnes?

Vous voulez prouver que l'exportation n'est pas nécessaire pour encourager à défricher, & vous dites que l'on cultive aussi bien les terres qui rapportent cinq pour un, que celles qui rapportent six. Il n'est pas question de savoir combien de fois la terre rapporte la semence qu'on lui a confiée, mais de savoir ce qu'elle rapportera au-dessus des frais de culture, de semence, de récolte. Dans les terres à défricher, il y en a qui rapportent très-peu au-delà de ces frais : il y en a qui peuvent rapporter beaucoup au-delà des avances, mais qui demandent des avances considérables. Or come le laboureur risque, si l'année est mauvaise, de ne pas retirer ses avances sur ces terres nouvelles, que les frais de culture, le loyer du fonds, de la dixme, & la dépense nécessaire à sa subsistance peuvent alors absorber au-delà du produit de ses terres anciennes, il faut pour le déterminer à risquer une entreprise, qu'il soit sûr que dans une année d'abondance, son bled ne tombera pas à vil prix. Dans les mauvaises années le cultivateur ne vend presque point de bled, & il a tout vendu avant le rehaussement: il n'a donc d'encouragement que dans le bon prix des années fertiles.

D'ailleurs il ne s'agit pas seulement de défricher, il faut faire rapporter six à la terre qui ne rapportait que cinq, & pour cela il faut employer de nouvelles ressources, faire des avances dont l'intérêt diminue à mesure que la culture plus parfaite rend les améliorations plus difficiles. Ce n'est pas tout encore, nous faisons porter du bled à des terres qui ne portaient que du seigle: les terres à bled se sont couvertes de lin, de chanvres, de colzas: l'aurions-nous fait si le sur-plus de bled, produit par une culture perfectionnée, ou par ces terres nouvelles, n'eût dédommagé, par le bon prix des années fertiles, de ce qu'il a coûté pour le produire.

Enfin, Monsieur, croyez-vous que nous ne soyons conduits que par l'espérance du gain, come les négocians des grandes villes, come si nous n'ayons *que ce levier dans le cœur*. Nous gagnons à l'heureuse nécessité qui nous attache aux campagnes, d'aimer par-dessus tout, la liberté & la paix. Nous retirons ordinairement de nos terres de quoi payer le propriétaire, le décimateur & nos ouvriers, la rentrée des autres frais de cultures, une subsistance honnête & quelques épargnes pour notre vieillesse, & pour marier nos filles. Pensez-vous que nous irons risquer ces épargnes, nous livrer à des cultures nouvelles, à des procédés qui exigent une attention plus forte, nous condamner à une augmentation de peines, de soins & d'inquiétudes, & cela pour être exposés à avoir des querelles avec les préposés de votre législation, pour être rançonnés par vos agens secrets.

Vous dites que nous payons en argent le salaire de nos ouvriers de labourage, que vous appellez laboureurs & cultivateurs. Ce fait n'est point exact, ce qui suffit pour faire tomber tout le raisonnement par lequel vous prouvez dans cet endroit, que les économistes sont de terribles animaux. *

Vous dites qu'il y a des marchés dans presque tous les villages, cela n'est pas vrai

---

* *Note de l'Éditeur.* Notre Agriculteur se trompe. L'auteur dit que les Economistes sont des animaux terribles & non pas de terribles animaux, ce qui est très-différent : cette déclamation se trouve page 180. Il y en a une autre aussi violente & aussi injuste, page 71, de même qu'aux pages 82, 189, ce qui n'empêche pas qu'on ne lise à la fin du livre qu'il ne contient pas de déclamation, & que tout le monde ne loue la modération de l'auteur. Cela nous rappelle une anecdote déja citée : Un Ecrivain peu connu s'avisa de faire un livre contre un Philosophe illustre, personne ne lût ce livre : le Philosophe daigna cependant y répondre, & traita son censeur un peu durement : tout le monde en rit : mais tout en riant on disait que l'home illustre était un méchant d'avoir traité ainsi ce pauvre ..... qui l'avait critiqué avec la plus grande *modération*. Un home de lettres, curieux de juger par lui-même de cette modération, essaya enfin de parcourir l'ouvrage, & dès les premieres pages, il trouva que le *Philosophe attaqué était une bête féroce, qu'il fallait chasser de toute société policée.* Alors il ferme le livre, & demeure convaincu que pour perdre la réputation de modération, il ne suffit pas de dire des injures, mais qu'il faut encore que les injures fassent effet : & il conclud que tout écrivain obscur qui attaquera un grand home, aura toujours auprès de ceux qui ne liront point, la réputation d'être modéré.

dans ce pays où il y a souvent cinq à six lieues d'un marché à l'autre : j'ai oui dire qu'il en étoit de même de plusieurs autres cantons.

Vous supposez que les habitans des villages qui n'ont point de marché, font quatre ou cinq fois l'année leur provision de bled : & vous ignorez que le peuple des villages achête à très-petite mesure, & que c'était quarante ou cinquante qu'il fallait dire : vous ajoutez qu'il ne sera nullement gêné de rapporter cette quantité de bled avec les autres provisions. Ainsi, Monsieur, selon vous le consommateur de village ne sera point gêné d'avoir à rapporter environ cinq cens livres de plus que ses provisions, qui peut-être ne pesent point vingt livres : selon la vérité, c'est cinquante à soixante livres qu'il faudra qu'il rapporte de plus sur son dos, & qui selon vous ne le gêneront nullement.

Vous croyez que si l'on n'est pas forcé de ne vendre qu'au marché, les gens des villes seront obligés d'aller chercher leur bled de campagne en campagne.

Vous

Vous ignorez que dans prefque toutes les villes on eft nourri par les boulangers : que les magazins des marchands de bled, les greniers des propriétaires font prefque tous dans les villes, & que dans le tems de cherté, ce font elles qui doivent nourrir les campagnes.

Vous ignorez qu'il a été permis cette année, par un Arrêt du Conſeil, de porter du bled par mer d'une province à l'autre.

J'avais juſqu'ici regardé l'art de conſerver les grains come un art bienfaiteur, & je pratiquais avec ſuccès, les moyens propoſés par M. Duhamel : mais cet art eſt propre à augmenter *la puiſſance naturelle du vendeur ſur le conſommateur*, & il ſerait par conſéquent très-ſage de le proſcrire. De quoi s'eſt aviſé l'académie de Limoges de donner un prix à celui qui enſeignerait les meilleurs moyens de préſerver les bleds de charançons & de détruire ces inſectes : voilà ce que c'eſt que de n'avoir que de petites vues; ſi jamais les votres font fortune, nous verrons les ſociétés litteraires propoſer pour prix

C

le meilleur moyen de multiplier les charançons, les vers, les papillons & autres insectes qui mangent les bleds. Come je raisonnais sur ce sujet avec mon Curé qui lit tous les livres nouveaux, il m'a appris que M. L... qu'il regarde come le plus conséquent des auteurs prohibitifs, voulait que le peuple ne se nourrit que de poisson pourri, parce que les marchands ne peuvent le garder, & que cette nourriture souléve le cœur des gens un peu délicats.

Il faut avouer que la tendresse des Auteurs prohibitifs pour le peuple, leur a inspiré de bienheureuses découvertes.

Vous assurez, Monsieur, que la France est dans le plus haut point de prospérité, & vous en concluez qu'il n'y faut pas faire de loix nouvelles sur ses subsistances, *parce qu'on ne doit pas faire d'expériences d'anatomie sur un corps vivant*. Si c'est en 1775, tems où a paru votre livre qu'il ne faut point faire de loi nouvelle, à la bonne heure; nous devons suivre la loi du 13 septembre, & ne pas essayer de votre *nouvelle* législation. Si c'est avant le mois de septembre 1774, que vous placez la grande prospérité, alors on eut tort de faire la loi du 13; mais aussi vous avez tort de proposer en mai 1775, une nouvelle expérience d'anatomie : car s'il ne faut pas faire d'expérience d'anatomie sur les corps vivans, il faut encore moins les répéter, donc, &c.

Vous faites *signer votre requête* par *l'utile laboureur & le pauvre cultivateur* : permettez-moi de vous dire, que moi qui suis du mêtier, j'ai pris la liberté d'en présenter une toute contraire. Voici la copie de la mienne.

MONSEIGNEUR,

» Vous nous avez délivrés d'une loi tyran-
» nique qui nous forçait à ne vendre, à
» n'achêter des subsistances que dans les mar-
» chés, où il nous fallait ensuite payer au
» Seigneur les permissions d'obéir aux ordres
» du Roi.

» Tandis que par une loi générale, il nous
» était ordonné de n'achêter qu'aux mar-

» chés, il était défendu aux fermiers par
» une loi de police particuliere, d'acheter à
» ces mêmes marchés du grain pour eux ou
» pour leurs chevaux. Vous nous avez déli-
» vrés de l'oppreſſion de ces réglemens con-
» tradictoires, & arbitrairement exécutés.

» Il nous était défendu dans les tems de
» chêrté, d'acheter du pain aux marchés des
» villes où nous étions contraints de porter
» nos bleds, où ce bled, que nos travaux
» avaient fait naître, était dépoſé dans les
» greniers des Chapitres & des Moines : &
» c'eſt encore une vexation dont vous nous
» avez délivrés.

» La défenſe de faire ſortir d'une ville le
» bled qui y était une fois entré, était une
» autre chaîne que vous avez briſée.

» Daignez achever votre ouvrage.

» On n'oſe plus nous vexer par des régle-
» mens, mais faites que les blatiers qui vont
» aux marchés des villes chercher le bled
» dont les campagnes ont beſoin, ne ſoient
» plus expoſés à des menaces, à des abus
» de pouvoir, à des ruſes de chicane. Ne

» souffrez pas que les partisans du régime
» prohibitif, donnent des atteintes sourdes
» à la loi paternelle de la liberté.

» Délivrez cette liberté des entraves qui
» lui restent. Qu'une denrée nécessaire à la
» vie come l'air qu'on respire, ait une cir-
» culation aussi libre. Affranchissez les bleds
» des droits de péage.

» Détruisez ces droits de minage, de stel-
» lage, de hallage, de mésurage, restes
» honteux de notre antique servitude. Ils
» s'opposent à la distribution naturelle des
» subsistances : ils soumettent le commerce
» à l'inspection, aux procédures d'une nuée
» de commis, citoyens inutiles qu'il faut en-
» core que le commerce soudoye.

» Détruisez les bannalités : tant qu'elles
» subsisteront, le commerce des farines ne
» sera point vraiment libre. L'adresse avec
» laquelle les meûniers peuvent, à leur gré,
» diminuer ou augmenter la quantité ou le
» poids de farine que rend une même me-
» sure, est une source de voleries si variées,
» si difficiles à constater, que la liberté en

» est l'unique remede. Come le meûnier est
» marchand de bled, il a soin de donner
» moins de farine à ceux qui achêtent ailleurs
» que chez lui. Il est dur que le pauvre, à
» qui un travail opiniâtre procure à peine
» de quoi achêter sa subsistance, ne soit pas
» libre d'achêter celle qu'il croit ou la meil-
» leure ou la moins couteuse : qu'il ne puisse
» la faire moudre par celui dont il espere
» obtenir le plus de farine : & les soupçons
» fussent-ils mal fondés, il est cruel qu'il soit
» forcé de porter un bled achêté par tant de
» sueurs, à un home qu'il croit devoir lui en
» voler une partie.

» Nous ne nous arrêterons ni aux fours
» banaux, genre de servitude plus barbare
» encore & plus nuisible, ni aux communau-
» tés de boulangers, & aux taxations pour
» le prix du pain qui en sont la suite. Ces
» fléaux sont réservés aux villes, ils sont
» l'ouvrage de la pédanterie qui y a succédé
» à la barbarie de nos ancêtres.

» Toutes les institutions qui gênent la li-
» berté, doivent toutes être également pros-

» crites : & leur profcription, en montrant » que la loi de la liberté entiere eft regardée » par le Gouvernement come une loi perpé- » tuelle & inviolable, mettra le fceau aux » biens que la liberté doit procurer ; l'opi- » nion que cette loi fera durable, peut feule » établir entre le prix des fubfiftances & » celui des journées, la proportion qu'ils » doivent avoir.

» Tels font, Monfeigneur, les vœux & » les efpérances de ceux à qui vous avez » rendu la douceur de pouvoir efpérer. «

J'étais au défefpoir de ne pas entendre votre livre tout entier : je priai mon Curé, qui eft un très-bon home, & qui a une jolie bibliothêque, de me le traduire en langage ordinaire. Au bout de deux jours, il eft revenu avec un livre à la main : tenez, me dit-il, voilà une traduction du livre de M. N. très-fidele, très-claire, & faite d'avance. J'ai ouvert ce volume, il a pour titre : Dialogue fur le commerce des bleds, entre M. de Roquemaure & le Chevalier Zanobi. 1770.

J'ai rapporté votre ouvrage à M. le Capitaine qui demeure à la ville : il était avec le Vicaire de fa paroiffe & un Echevin. Meffieurs, leur dis-je, je voudrais favoir pourquoi vous, & les gens qui font de même état que vous, vous êtes en général fi déchaînés contre la liberté des bleds ?

Mon ami, dit le Capitaine, je n'entends rien à toutes ces queftions : mais j'ai peur que de la liberté du commerce des bleds, on ne paffe à la liberté du commerce du fel & du tabac, & fi cela arrivait, mes troupes & moi, nous deviendrions inutiles. Nos Seigneurs les Fermiers n'auraient plus de quoi nous payer de retraites. Autrefois il y avait année commune, cinquante arrêts du Confeil pour étendre les droits de la Ferme au-delà des conventions du bail, depuis que cet home à fyftêmes eft en place, il n'en a pas fait rendre un feul. Auffi . . . .

Ma foi dit l'Echevin, s'il s'avifait d'étendre la liberté des bleds fur tous les objets qui fe vendent aux marchés, nous n'aurions plus ni réglemens à faire, ni amendes à prononcer : autant vaudrait-il être de simples particuliers, & puis il serait dur pour nos bourgeois, que les étrangers, que des paysans vinssent librement acheter des denrées sur nos marchés, & les faire renchérir.

Il serait à craindre, dit alors le Vicaire, que la liberté de vendre du bled, n'amenât celle de vendre du papier noir & blanc : & vous sentez qu'alors l'état serait perdu sans ressource.

Du pain & une religion, voilà ce qu'il faut au peuple, dit notre auteur. C'est dommage qu'il ne puisse entrer ni dans le paradis ni au conseil. *Du pain & une religion*, voilà précisément ce que les Jésuites avaient fait au Paraguay : ils distribuaient à chaque habitant un peu de maïs & beaucoup de reliques, & ils donnaient le fouet à quiconque aurait osé faire un pas, dire un mot sans la permission du pere supérieur. Voilà ce que nous aurions fait en Europe, si on vous eût laissé faire. *Fort peu de pain & beaucoup de religion*, voilà ce qui vous resterait tout au plus sans Henri IV,

Guſtave, Aldophe & les Naſſau, auſſi comment ſont-ils morts ? *[*V. la Note*, *à la fin*.]

C'eſt l'abus des mots de liberté & de propriété, come l'a encore très-bien obſervé notre auteur, & il tenait votre livre entre ſes mains avec complaiſance : c'eſt l'abus de ces mots *qui a cauſé les maux les plus affreux*. Céſar, le meilleur des humains, n'aurait pas été réduit à faire égorger un million d'homes pour perſuader aux Romains de lui obéir, s'ils n'avaient pas eu la bêtiſe de croire qu'ils étaient plus *libres* ſous leurs Conſuls. Si les bourgeois de Genéve n'avaient pas raiſonné ſi ſubtilement ſur la *liberté politique*, ils ſe ſeraient ſoumis au petit Conſeil, ou ils n'auraient pas traité les natifs come leurs ſujets, & il n'y eut pas eu deux homes de tués dans leur derniere guerre civile. Si les Manichéens, les Albigeois, les Huſſites, les Vandois, les Proteſtans, n'avaient pas eu l'opiniâtreté de vouloir conſerver la *liberté* de penſer, nous n'aurions pas été obligé de faire égorger plus de deux millions de ces hérétiques, pour la plus grande gloire de Dieu, sans compter environ un pareil nombre de Catholiques qui ont peri dans ces saintes expéditions. Si les Mahométans n'avaient point eu la fantaisie de prétendre que des infidéles pouvaient être légitimes propriétaires d'un pays où notre Dieu avait été autrefois enterré pendant trois jours, il n'y aurait point péri trois millions de Musulmans & de Chrétiens dans nos pieuses Croisades. Si les Américains avaient eu l'esprit de comprendre que la terre où ils étaient nés, n'était point à eux, mais aux Espagnols, à qui le Pape en avait transporté la propriété, il n'aurait point fallu en égorger cinq ou six millions pour faire entendre raison au reste. Si on ne s'était pas avisé, dans le seiziéme siécle, d'imaginer que le bien de l'Eglise appartenait à l'Etat qui pouvait le reprendre, pour en faire un usage plus utile, il n'y aurait pas eu de guerres de religion. Car de quelque prétexte qu'ils se couvrent, soyez sûr que quand les homes font la guerre, c'est toujours pour de l'argent qu'ils se battent : & si le Roi Henri

IV. ne s'était pas mis dans la tête qu'il pouvait redemander l'héritage de ses Peres au Roi d'Espagne qui le possédait, en vertu d'une Bulle, un ex-Feuillant ne l'aurait pas tué come ennemi du saint Siège. Il ne tiendrait qu'à moi de vous prouver par cent exemples de cette force, que l'amour malentendu de la liberté & de la propriété, est cause de presque tous nos maux, d'abord...

J'ai toujours eu horreur des massacres; étant jeune, j'avais le choix d'une Ferme, ou d'une Compagnie de troupes légeres: j'ai préféré la ferme: j'ai voulu pouvoir dire toujours avec ce vieillard d'une de nos Tragédies :

Dans d'utiles travaux, coulant ma vie obscure, je n'ai point par le meurtre offensé la nature.

J'ai donc laissé le Vicaire continuer sa déclamation contre l'abus de la propriété & liberté, & je suis retourné chez moi bien convaincu que sans la liberté on ne respire jamais qu'à demi.

Oserais-je vous demander, Monsieur, ce

que vous penfez de l'exportation des haricots qu'on défend toujours avec celle du bled : de l'exportation des chataignes qu'on a interdite dans quelques provinces, & de celle des œufs frais & du petit falé, contre laquelle on a dernièrement voulu faire une belle loi. Ne pouvait-on pas permettre feulement l'exportation des chataignes bouillies & des omelettes, afin de rendre, come celui de la farine, *ce commerce plus difficile*, & de garder *le bénéfice de la main-d'œuvre*.

J'ai l'honneur d'être, avec le plus profond refpect, &c.

M. N. a été un peu furpris de recevoir cette lettre d'un laboureur de Picardie : il s'eft adreffé à un de fes correfpondans, dont il a reçu la réponfe fuivante.

Je connais beaucoup le laboureur dont vous me parlez, c'eft un home bizarre : il a pu être riche, il eft pauvre : il a une femme & fix enfans : il ne lui eft arrivé que des évennemens facheux, & je n'ai jamais vu perfonne avoir l'air plus content de fon fort.

Ses parens avaient fait une grande fortune : quand ils furent raſſaſiés d'argent, ils devinrent avides de diſtinctions : ils voulaient que leur fils ainé fût un grand Seigneur, & obliger en conſéquence leur cadet à étudier pour être Prêtre. A peine fût-il Sous-Diacre, qu'il devint malheureuſement amoureux de ſa couſine germaine : elle était jolie, pleine de ſenſibilité, d'eſprit & de raiſon : mais come ſa branche était demeurée pauvre, jamais les parens ne voulurent conſentir à un mariage ſi inégal, & en mourant, ils réduiſirent à la légitime le Sous-Diacre qui n'avait pas voulu devenir Prêtre.

Sa fortune était encore honnête, mais il en dépenſa la plus grande partie pour obtenir de Rome la double permiſſion dont il avait beſoin pour aimer ſa couſine ſans péché. Il ſe réduiſit ſans peine à mener avec ſa femme, la vie de fermier : mais s'étant aviſé de vouloir faire quelques expériences ſur l'eau de la mer & ſur la Nicotiane, les fermiers généraux, qui dans ce tems là n'aimaient pas la physique, lui firent un procès, & il aurait été condamné aux galeres, s'il ne lui fût resté de l'argent & quelques pro ections.

L'année d'après, il reçut un soir la lettre suivante :

» Monsieur, je me mocque des *loix de* » *propriété parce que je ne possède rien*, & des » *loix de justice parce que je n'ai rien à défen-* » *dre ;* vous avez droit de recueillir le bled » que vous avez semé, *moi j'ai droit de vi-* » *vre :* vos titres sont chez un Notaire, mais » *mon estomac est ma patente :* & si vous ne » déposez pas cent écus demain au premier » chêne à gauche en entrant dans le bois » par le grand chemin, votre ferme sera » brûlée après demain. «

Come notre fermier a quelque chose d'extraordinaire dans l'esprit, il ne crut pas qu'on pût raisonner ainsi sérieusement ; il ne prit cet argument que pour une mauvaise plaisanterie, & ne songea point à prendre de précaution : il fût incendié, pas une gerbe n'échappa : la Justice rechercha les coupables.

Le pauvre fermier était chargé par son bail des frais de justice, & il lui en coûta mille écus pour un arrêt, qui condamna à mort deux incendiaires : malheureusement on découvrit six semaines après l'exécution qu'ils étaient innocens, & que les Juges s'étaient trompés parce qu'ils avaient suivi trop scrupuleusement l'Ordonnance de 1670 qui, come on sait, est exactement calquée sur la procédure secrete de l'Inquisition : cet accident affligea notre laboureur, plus que toutes ses pertes.

Il commençait à se rétablir, lorsqu'une grêle détruisit ses moissons ; il lui restait quelques épargnes : il avait recueilli beaucoup de feves & de légumes de cette espèce, & il espérait donc se retirer de son malheur. Mais nous étions alors dans le tems le plus florissant du regne prohibitif. Il s'avisa de vouloir exporter ses feves pour en tirer plus d'argent : elles furent confisquées, & pour se les faire rendre, il lui en coûta plus que leur valeur. Come il n'avait pas recueilli de bled, il en achêta d'un de

ses

ſes voiſins : un Juge le fût ; il était alors défendu d'acheter ailleurs qu'au marché, & notre laboureur fût trop heureux d'en être quitte pour perdre ſon bled. Il alla donc au marché acheter d'autre bled & de l'avoine : il ſe préparait à l'emporter, mais on lui ſaiſit le tout & on le condamna à l'amende, parce qu'il était, diſait-on, défendu aux fermiers d'acheter au marché. Il ne lui reſtait qu'un petit écu. Que j'achête du moins quelques pains pour mes enfans, s'écriait-il en pleurant, & il va chez un boulanger : mais on l'arrête à la porte de la ville : il eſt défendu d'exporter du pain, lui dit-on encore : & come il n'a plus de quoi payer d'amende, on le mene en priſon.

Sorti de priſon, il court retrouver ſa femme & ſes enfans : il les trouve en larmes. Le fermier voiſin qui était riche avait racheté ſa corvée, & en conſéquence celle du pauvre laboureur ſe trouvait plus forte à-peu-près de moitié qu'elle n'aurait dû l'être. Il fallait aller travailler à quatre lieues : il court trouver l'ingénieur. Monſieur, lui répond l'home aux jalons : j'ai toujours obfervé que plus on travaille loin de chez foi, mieux on travaille : come cela eft beaucoup plus coûteux, & fur-tout plus pénible, on eft preffé de finir. J'ai donc pour principe général de faire travailler les gens le plus loin de leur village qu'il m'eft poffible. Le laboureur fe plaignit de cette maxime générale : on lui répondit qu'il était un mutin : fes chevaux moururent, fa corvée ne fût point faite, & il fût condamné à l'amende & à la prifon pour lui apprendre à être plus docile. Il avait efpéré quelques foulagemens de la part de fes maitres : mais fes maitres étaient des Moines, & au lieu de le fecourir, le Procureur le chaffa de fa ferme parce qu'il n'avait pas voulu fouffrir que fa fille... Maintenant il a vendu le refte de fon bien pour monter une autre petite ferme. Vous voyez, Monfieur, que c'eft un home prévenu, qui ne fera jamais en état d'entendre que le Gouvernement n'a rien de vraiment utile à faire pour le peuple, que d'adopter votre légiflation come vous l'avez fi adroitement infinué en plusieurs endroits de votre ouvrage.

Au reste, Monsieur, si ceci dure encore quelque tems, c'en est fait de *la prospérité de l'Etat* : nous trouverons à peine à vendre notre argent à trois & demi pour cent, au lieu de huit, neuf qu'il rapportait les années *précédentes*.

* *Note de l'Éditeur, pour la page 41-42.*

Les personnes d'une piété vraiment éclairée, qui détestent les maux que le fanatisme a produit, & l'abus qu'il a osé faire des choses les plus sacrées, nous pardonneront de n'avoir pas retranché ce discours du Vicaire. Elles savent trop bien que le seul moyen de prévenir le retour des mêmes malheurs, est de les retracer sans cesse, & que les véritables blasphémateurs sont ceux qui osent dire qu'on manque de respect à la Religion, lorsqu'on s'élève contre les crimes de la superstition & de l'intolerance.

ERRATA.

Page 7, l. 21, les, *lisez*, ces.
Pag. 12, l. 8, toutes espèces, *lisez*, tout experts.
Pag. 16, l. 23, cette, *lisez*, la.
Pag. 23, l. 15, s'arrête-il, *lisez*, se dégrade.
Pag. 27, l. 10, qui, *lisez*, qu'il.
Pag. 30, l. 1, ces, *lisez*, les.
———— l. 8, n'ayons, *lisez*, n'avions.
Pag. 33, l. 24, pour prix, *lisez*, des prix pour.
Pag. 35, l. 18, les permissions, *lisez*, la permission.
Pag. 38, l. 10, les, *lisez*, ces.
Pag. 48, l. 17, il espéroit donc se, *lisez*, il espéroit se.

www.ingramcontent.com/pod-product-compliance
Lightning Source LLC
LaVergne TN
LVHW021706080426
835510LV00011B/1612